MY LiFE iS WoNDERFUL

1-

2-

3-

4-

5-

*USE DIFFERENT COLORS

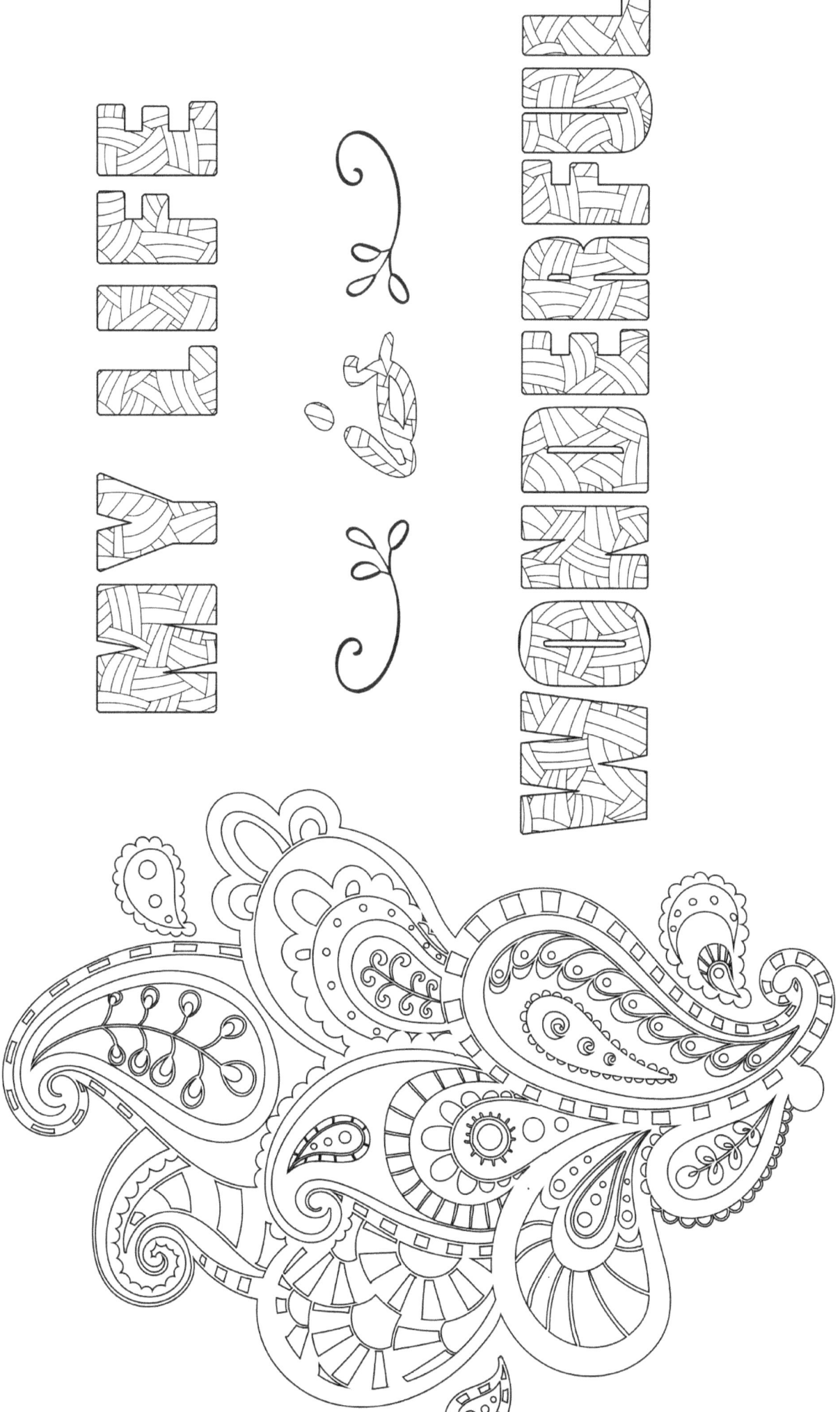

i AM RELAXED

1-

2-

3-

4-

5-

*USE DIFFERENT COLORS

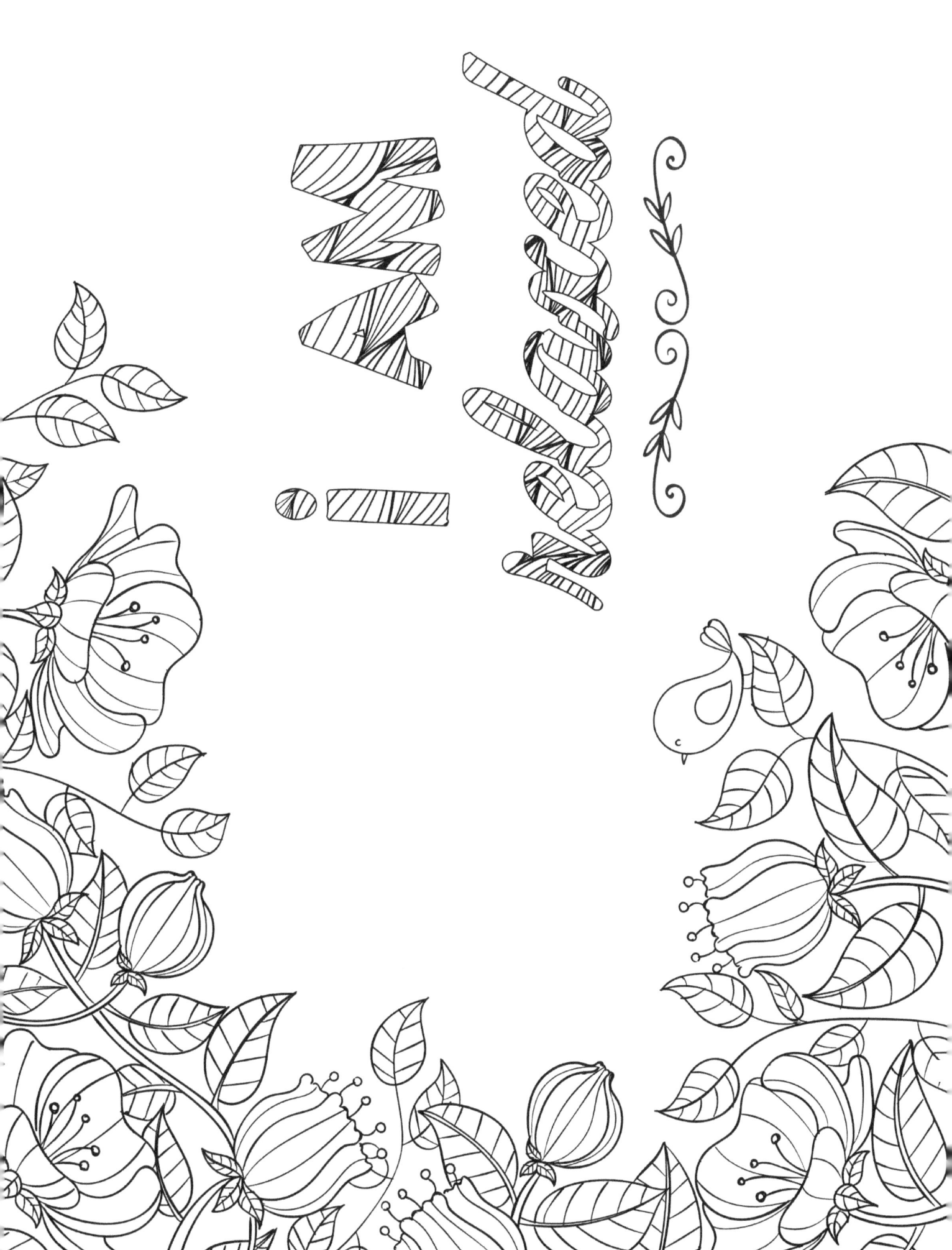

I am blessed

¡ AM A SPECiAL PERSoN

1-

2-

3-

4-

5-

*USE DIFFERENT COLORS

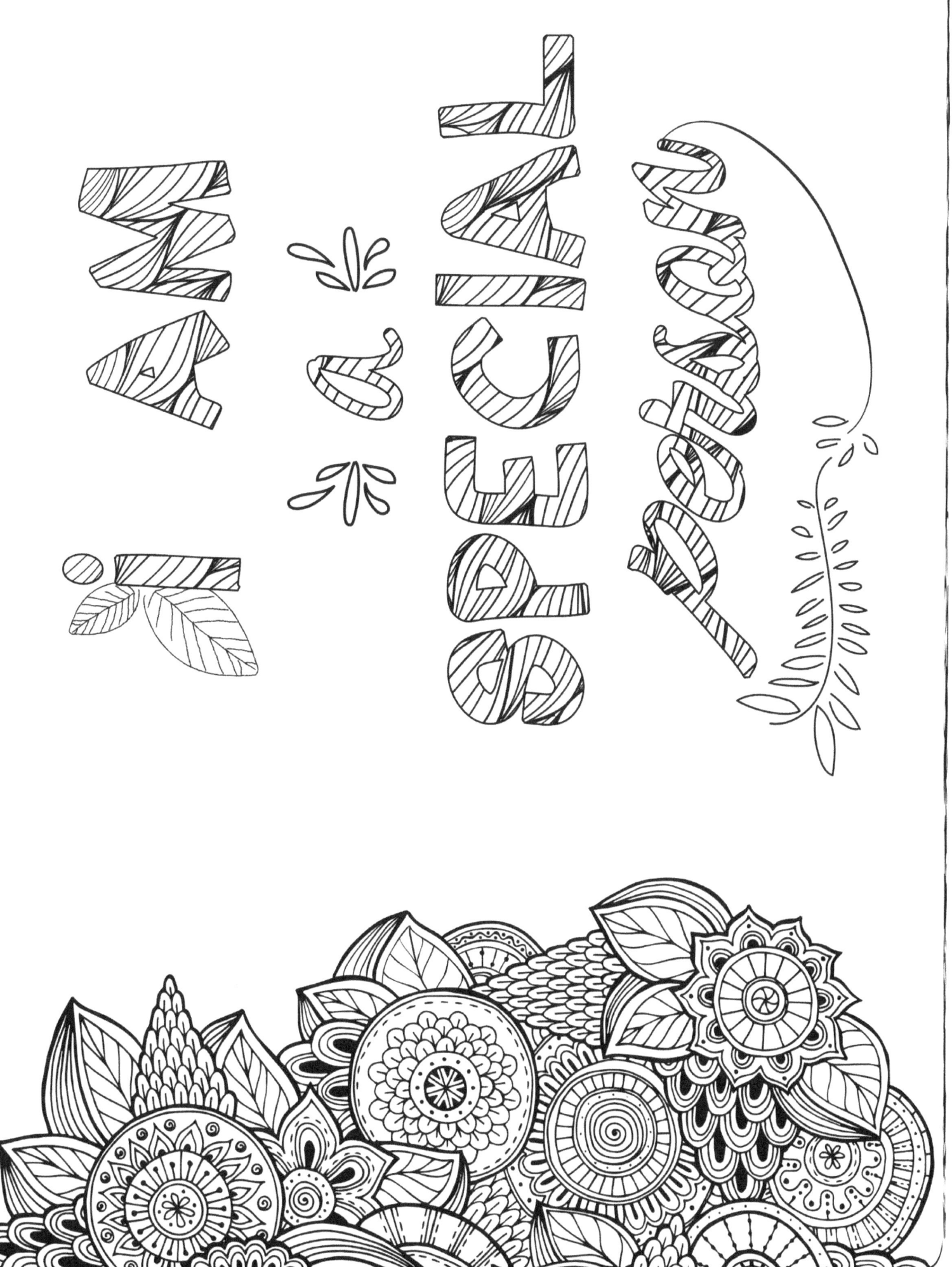

I AM a SPECIAL person

i BELIEVE MYSELF

1-

2-

3-

4-

5-

*USE DIFFERENT COLORS

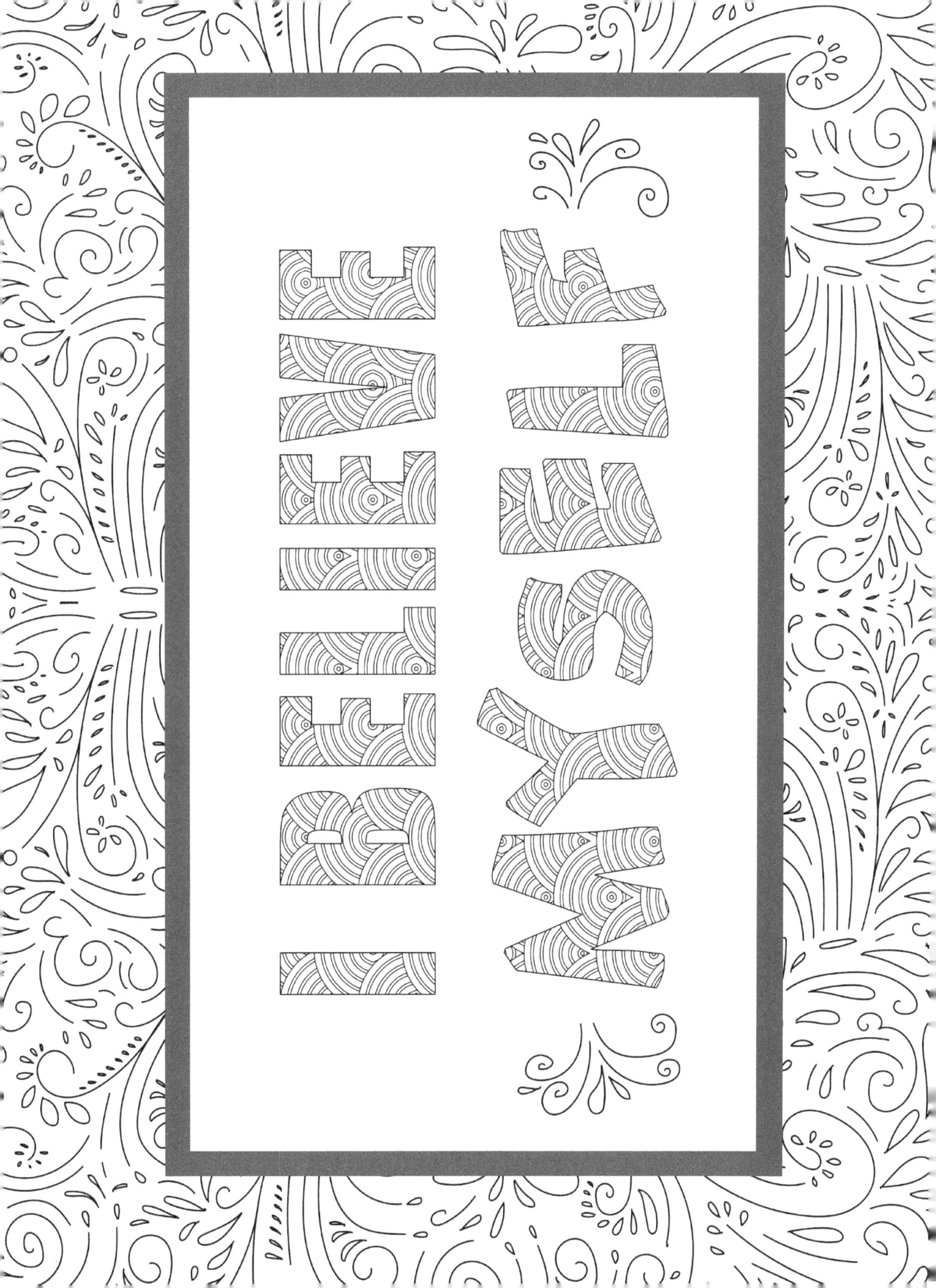

i APPRECIATE MYSELF

1-

2-

3-

4-

5-

*USE DIFFERENT COLORS

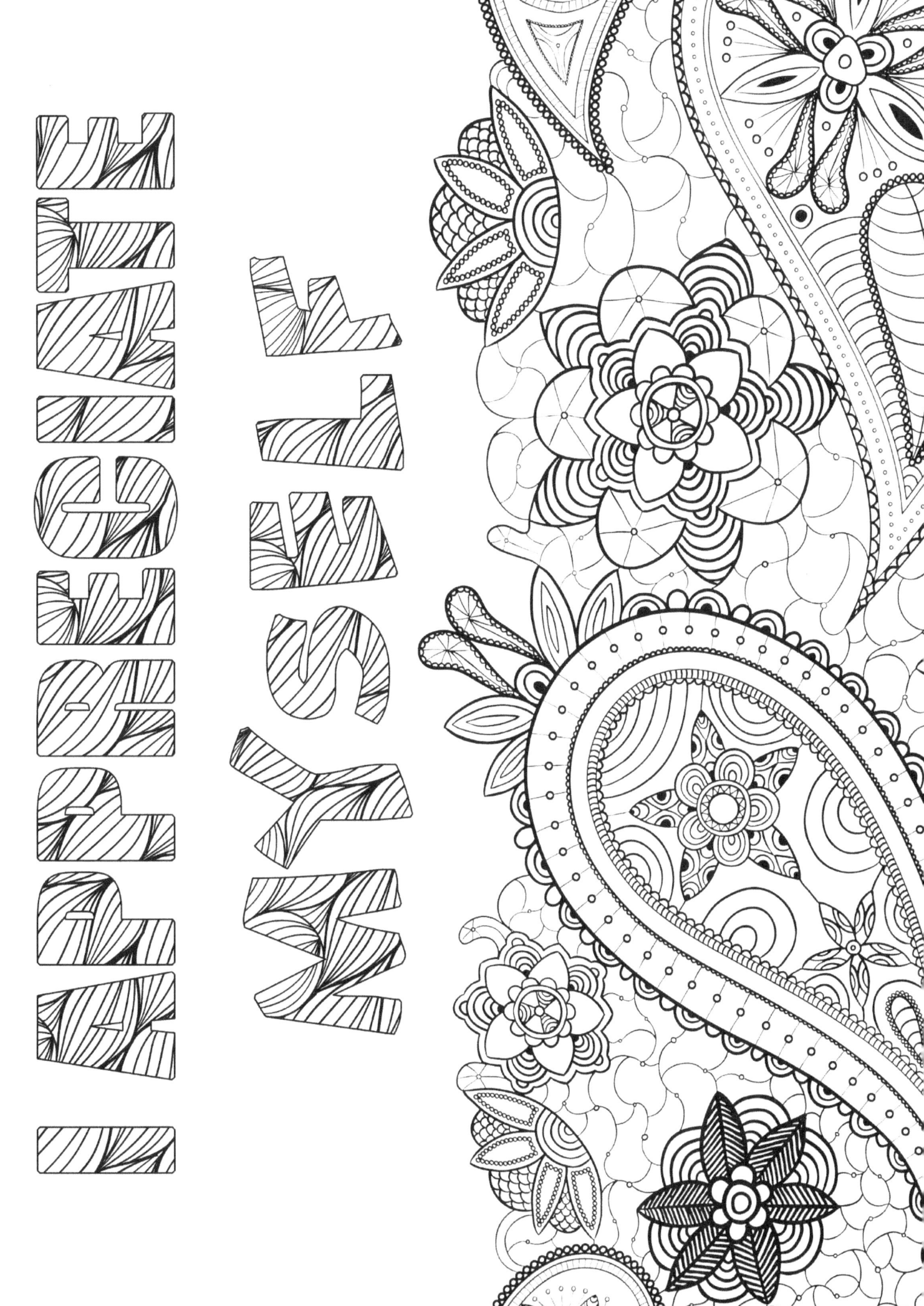

I APPRECIATE MYSELF

¡ AM A POSiTiVE PERSoN

1-

2-

3-

4-

5-

*USE DIFFERENT COLORS

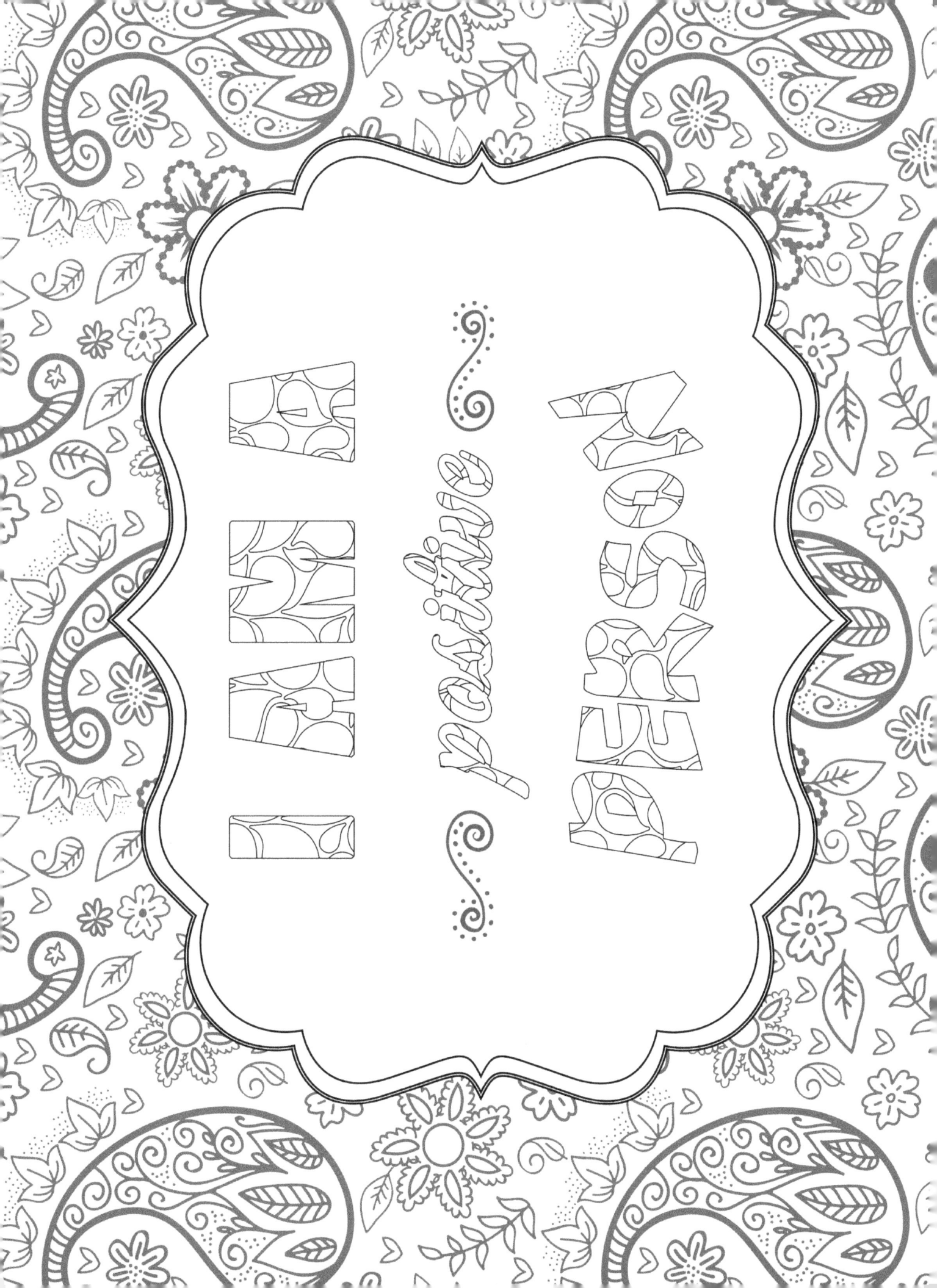

LIFE WORKS FOR ME

1-

2-

3-

4-

5-

*USE DIFFERENT COLORS

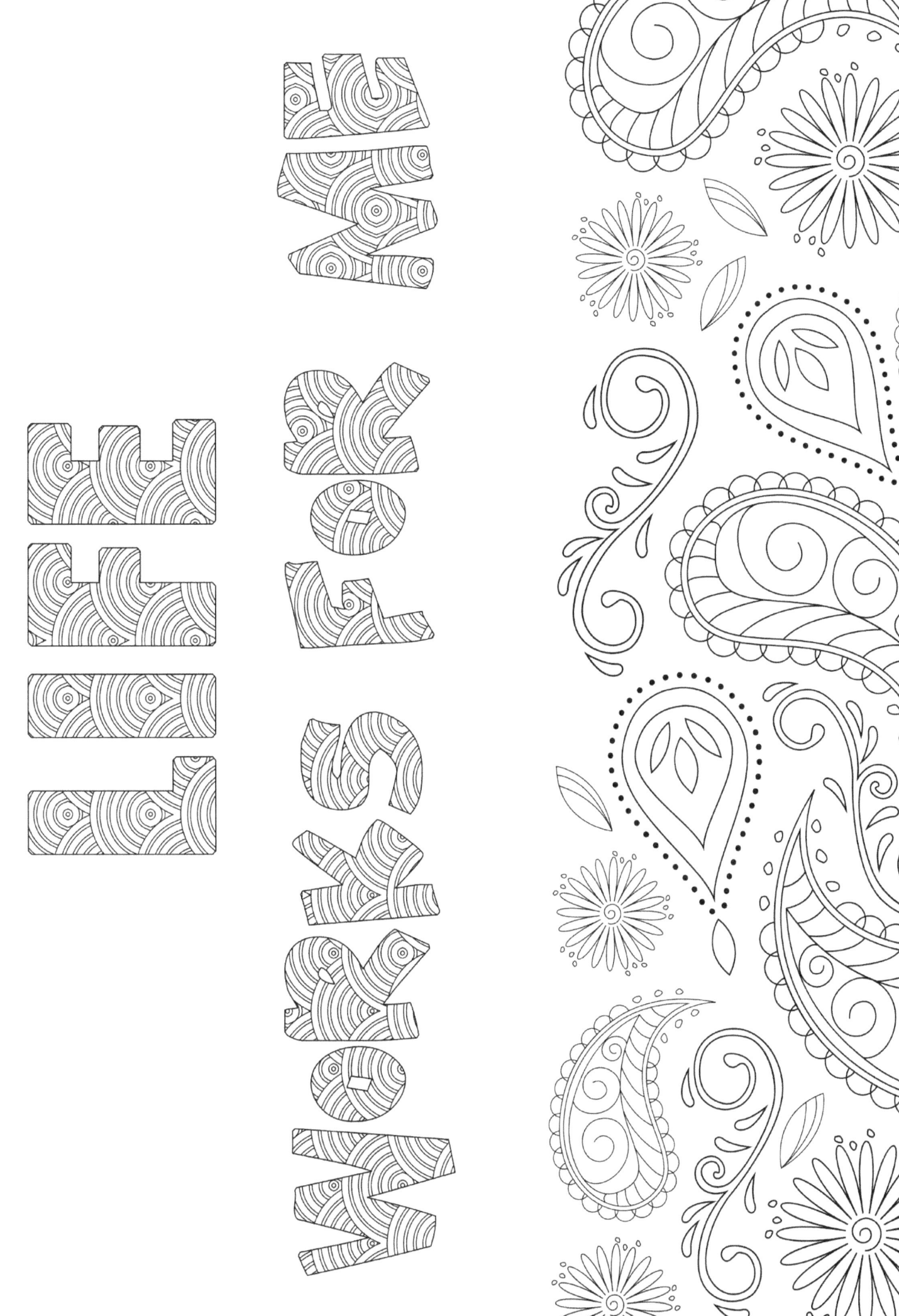

LIFE WORKS FOR ME

i AM REFRESHED

1-

2-

3-

4-

5-

*USE DIFFERENT COLORS

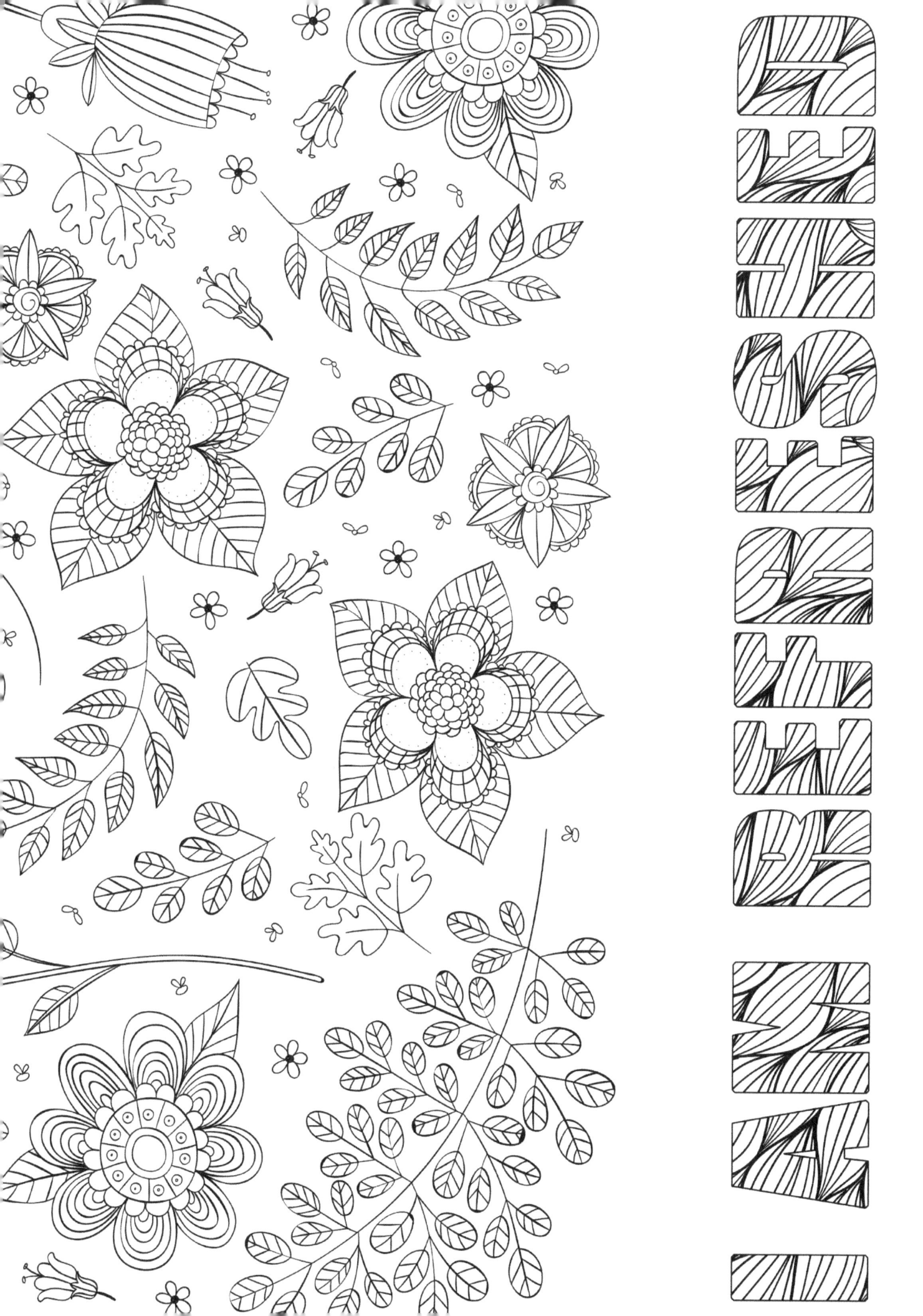

FROM NOW, i AM MYSELF

1-

2-

3-

4-

5-

*USE DIFFERENT COLORS

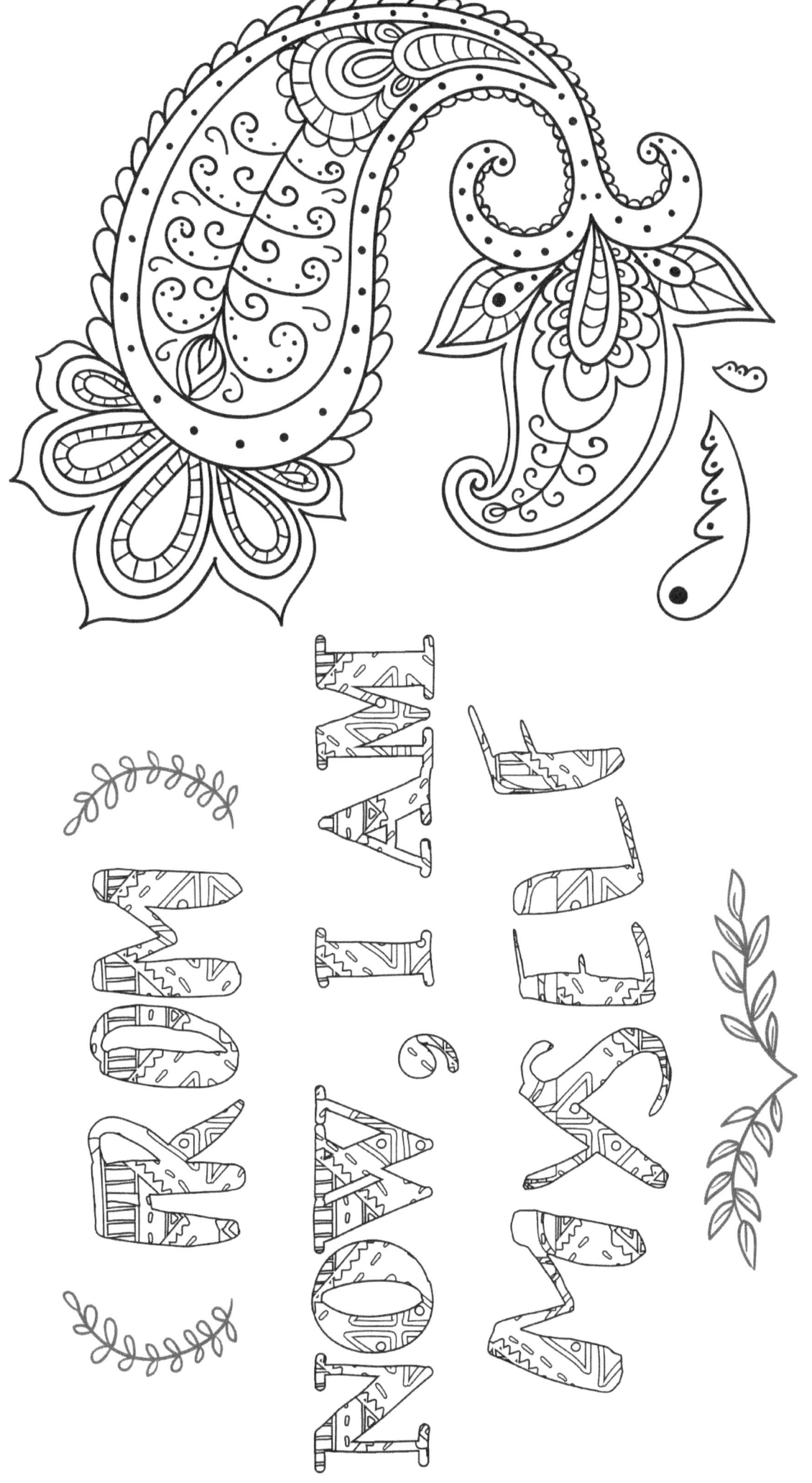

i HAVE THE POWER To Do

1-

2-

3-

4-

5-

*USE DIFFERENT COLORS

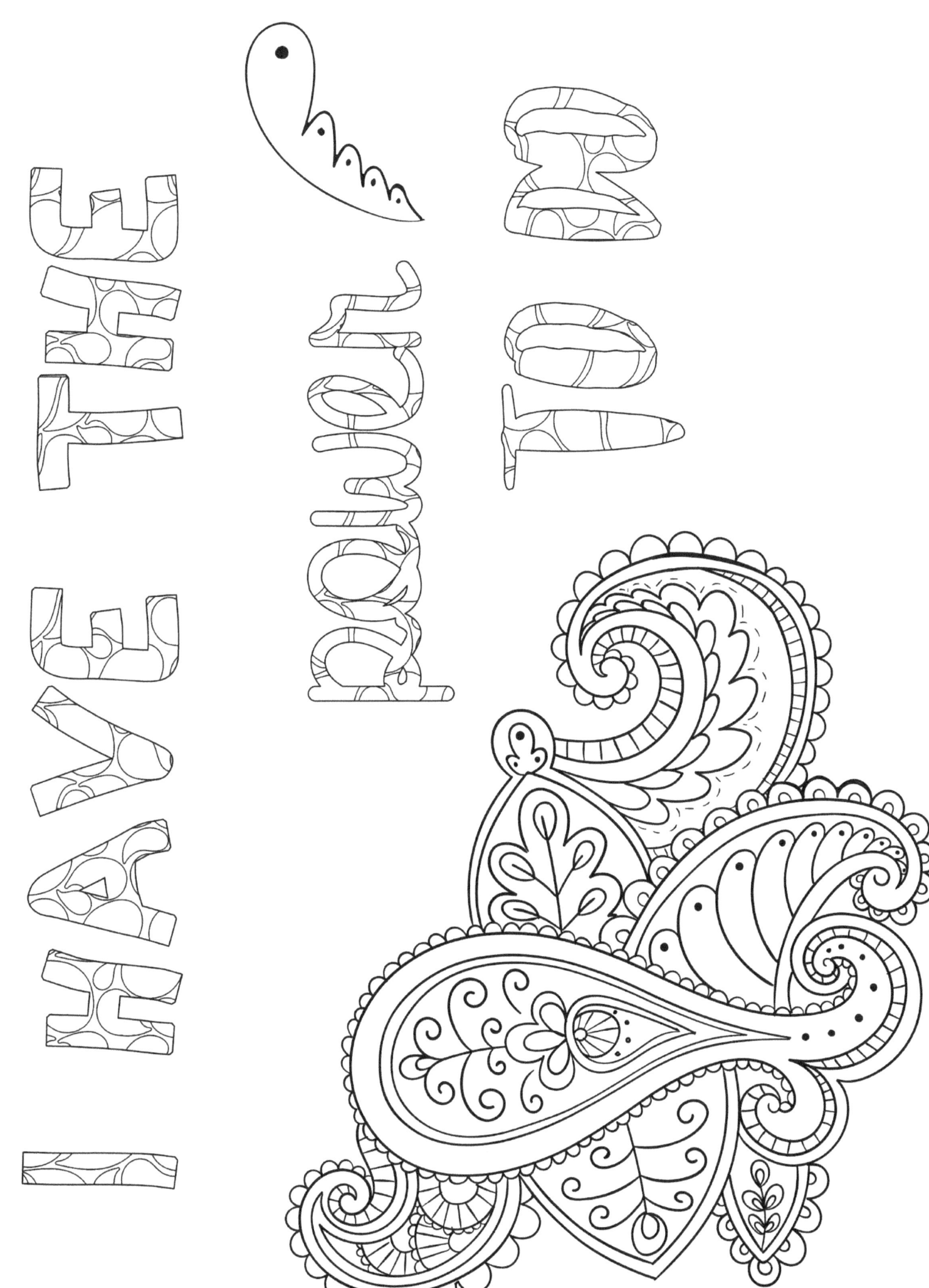

i AM SUCCESSFUL ToDAY

1-

2-

3-

4-

5-

*USE DIFFERENT COLORS

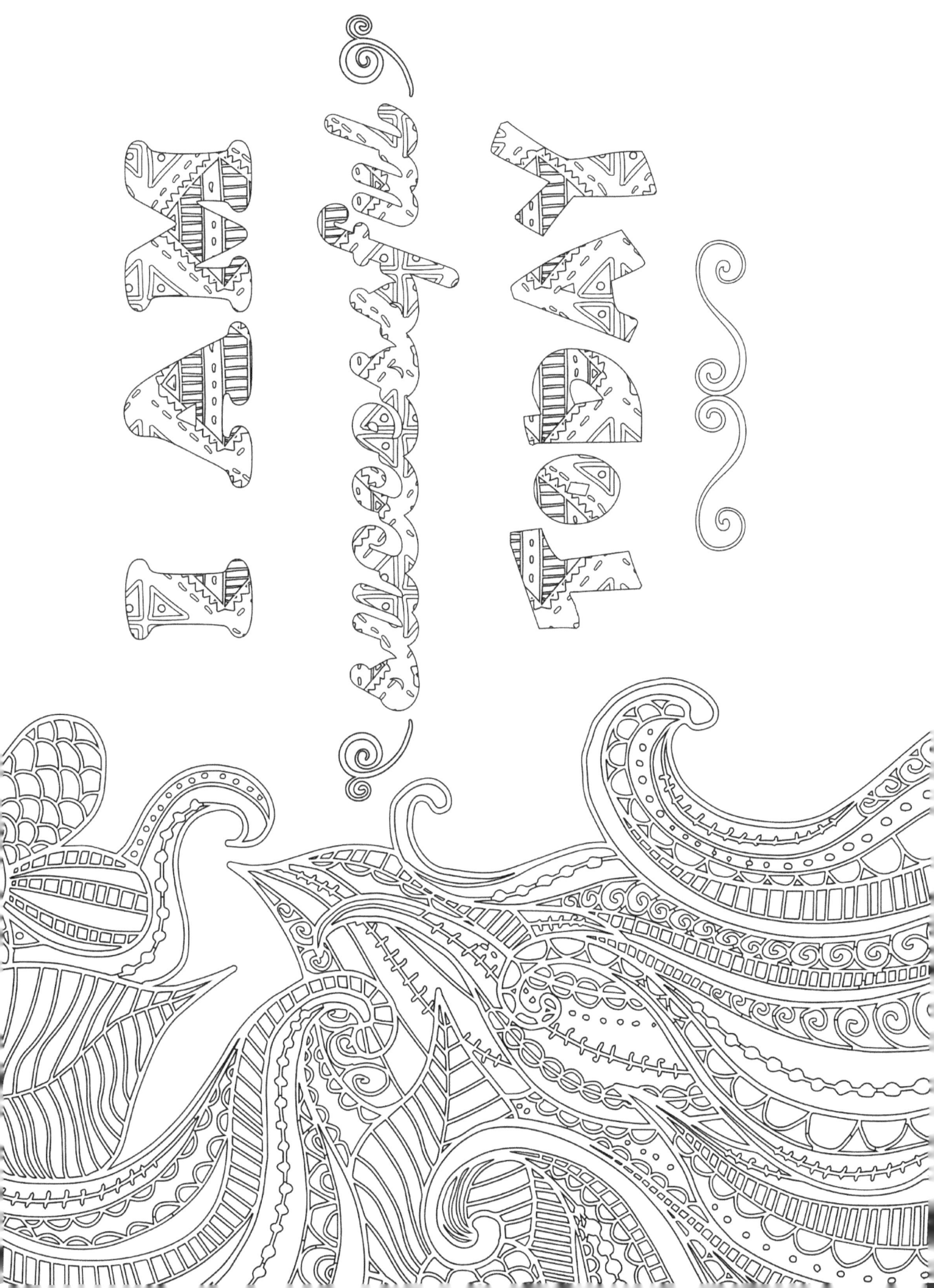

¡ ATTRACT GOOD THINGS

1-

2-

3-

4-

5-

*USE DIFFERENT COLORS

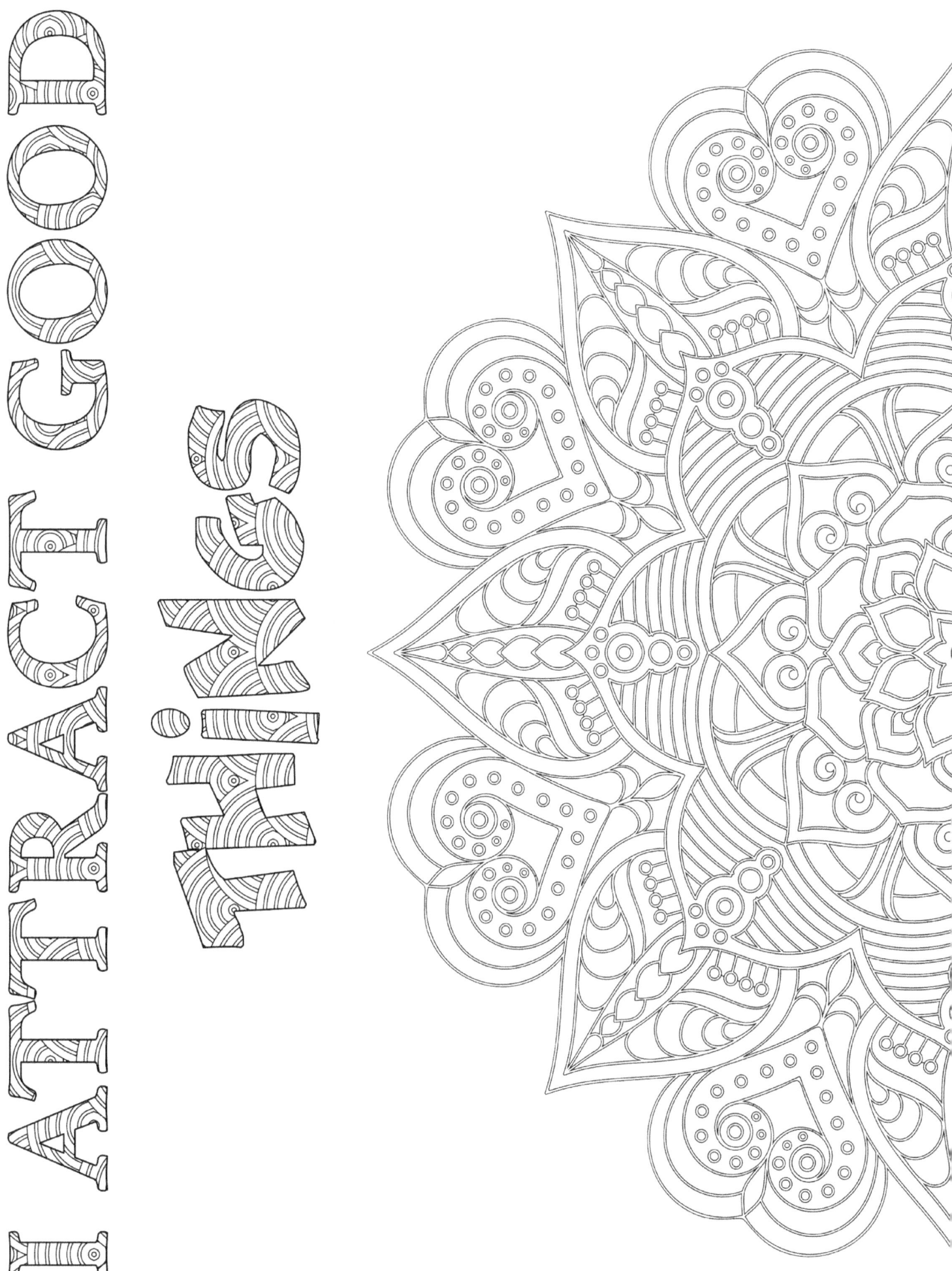

I ATTRACT GOOD THINGS

i AM CONFIDENT

1-

2-

3-

4-

5-

*USE DIFFERENT COLORS

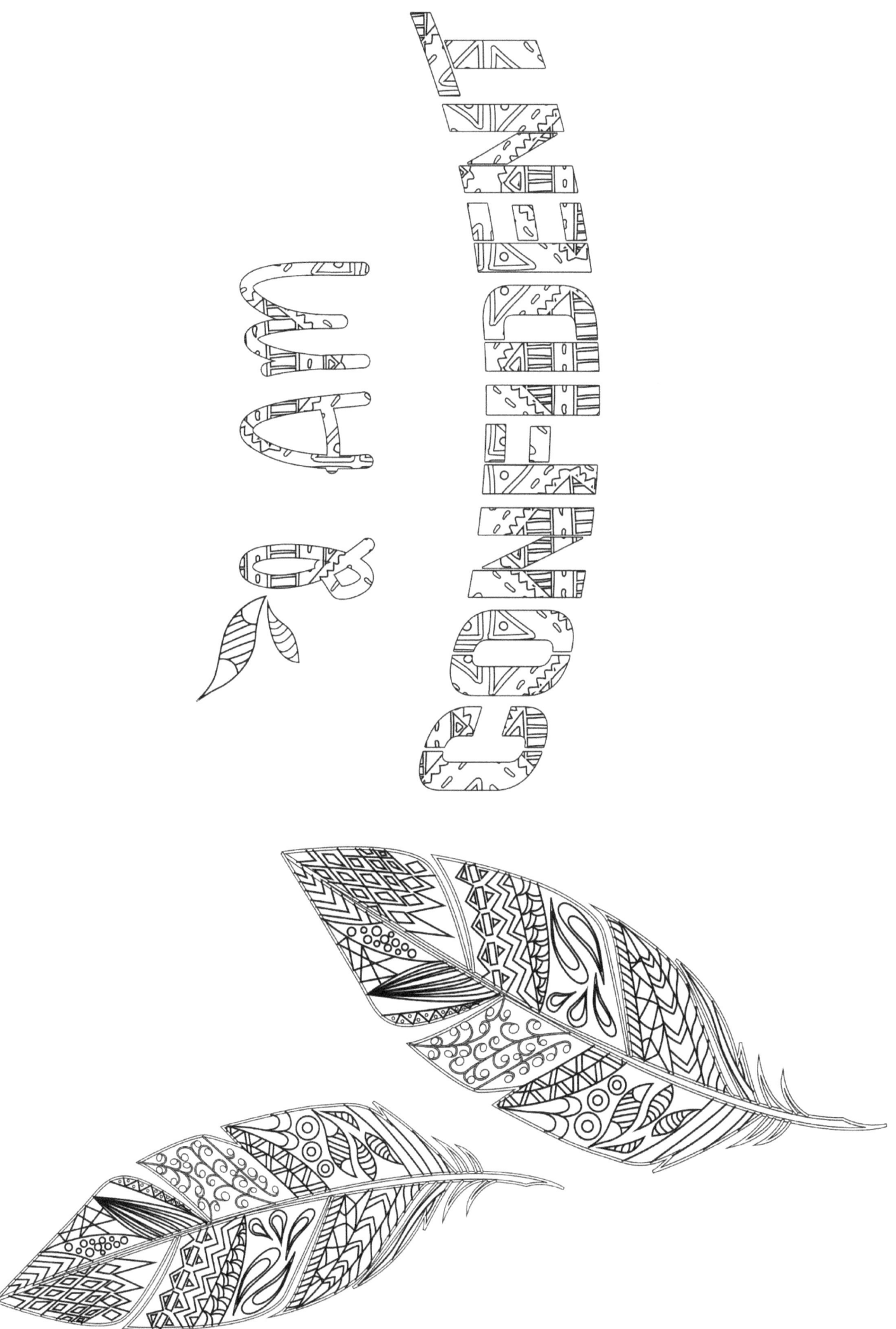

DREAM A LITTLE BIGGER

i CAN DO ANYTHING i WANT

1-

2-

3-

4-

5-

*USE DIFFERENT COLORS

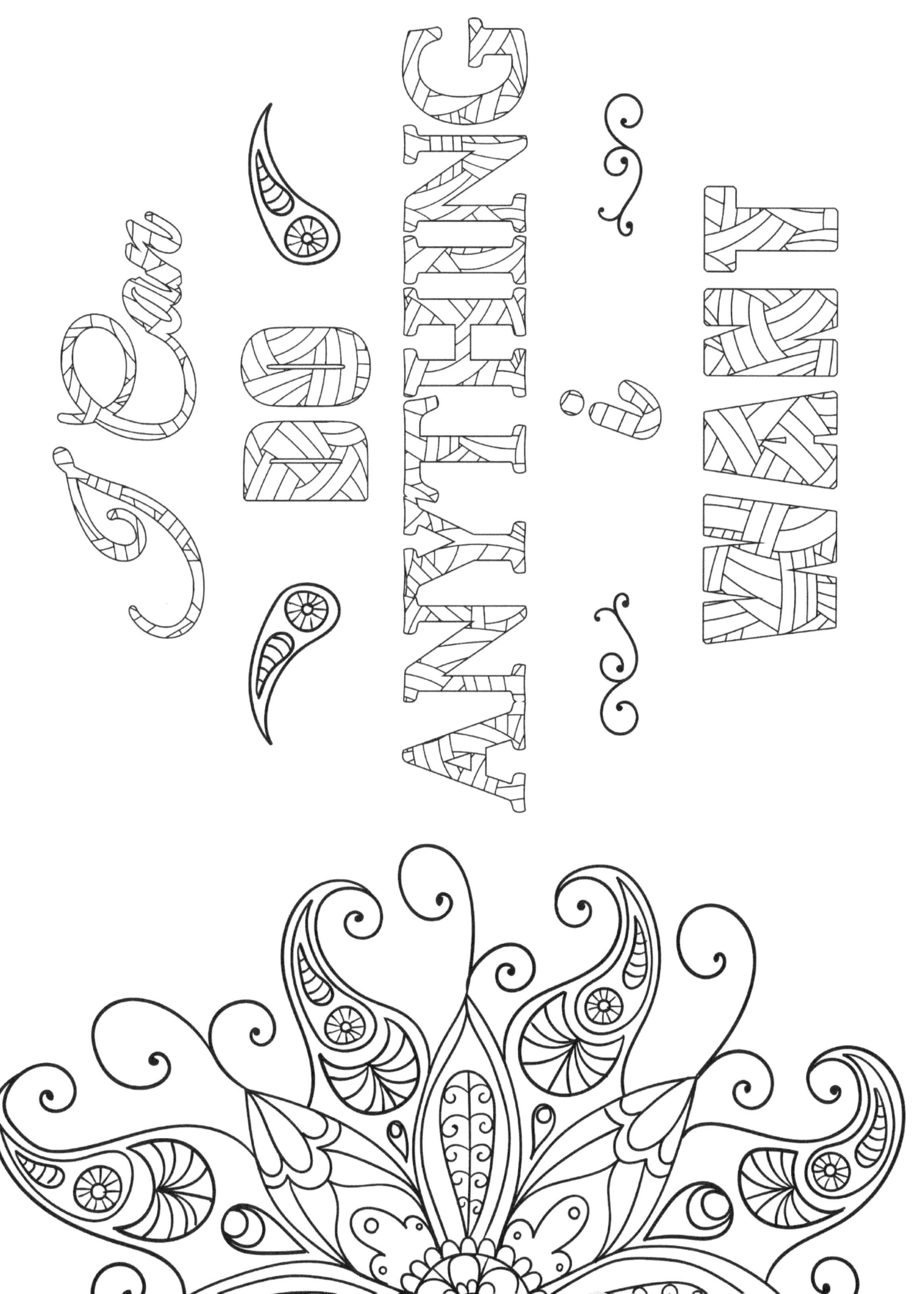

TODAY i FEEL GREAT

1-

2-

3-

4-

5-

*USE DIFFERENT COLORS

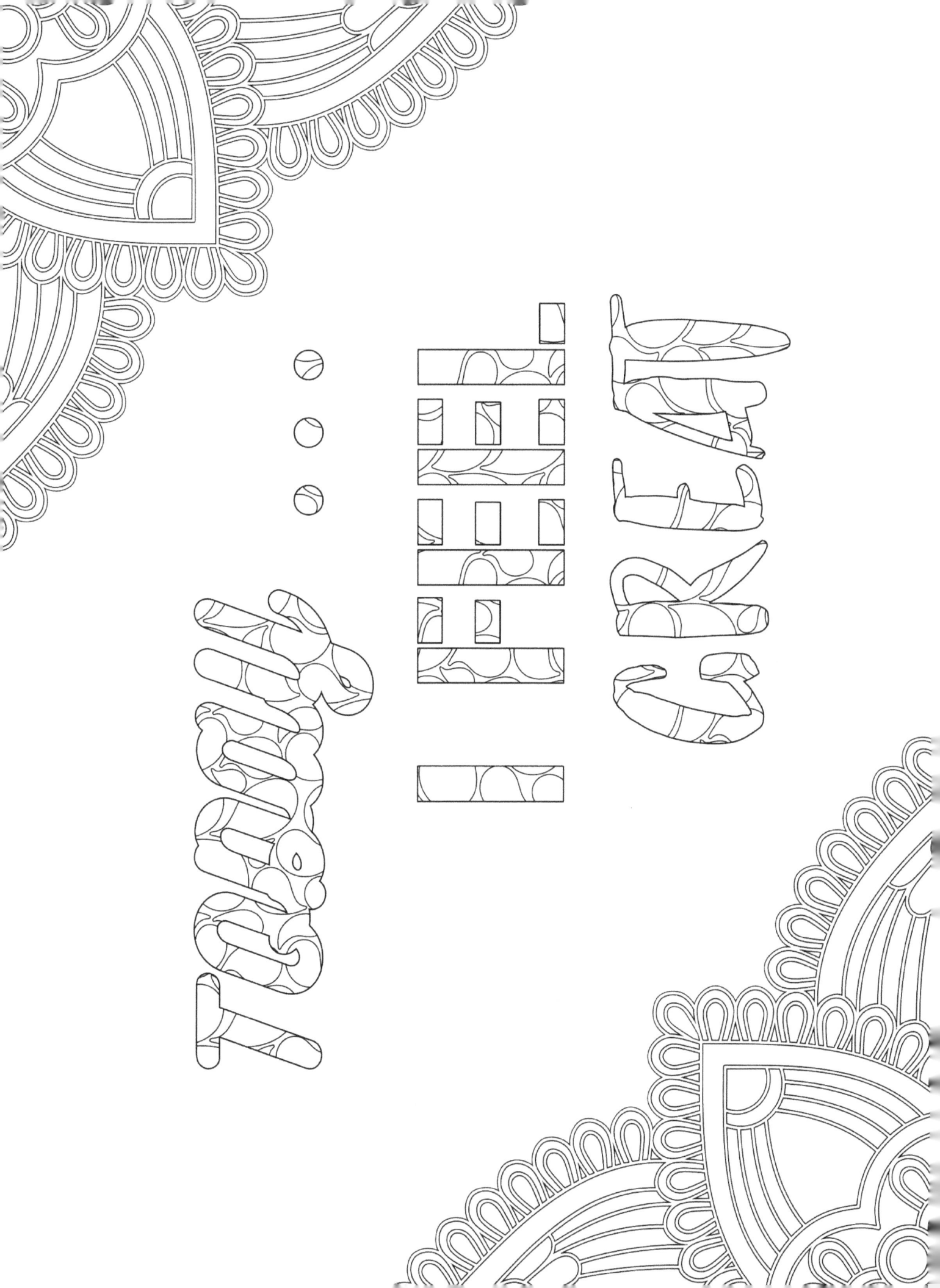

FAMILY LIFE IS GREAT

i FEEL EXCITED

1-

2-

3-

4-

5-

*USE DIFFERENT COLORS

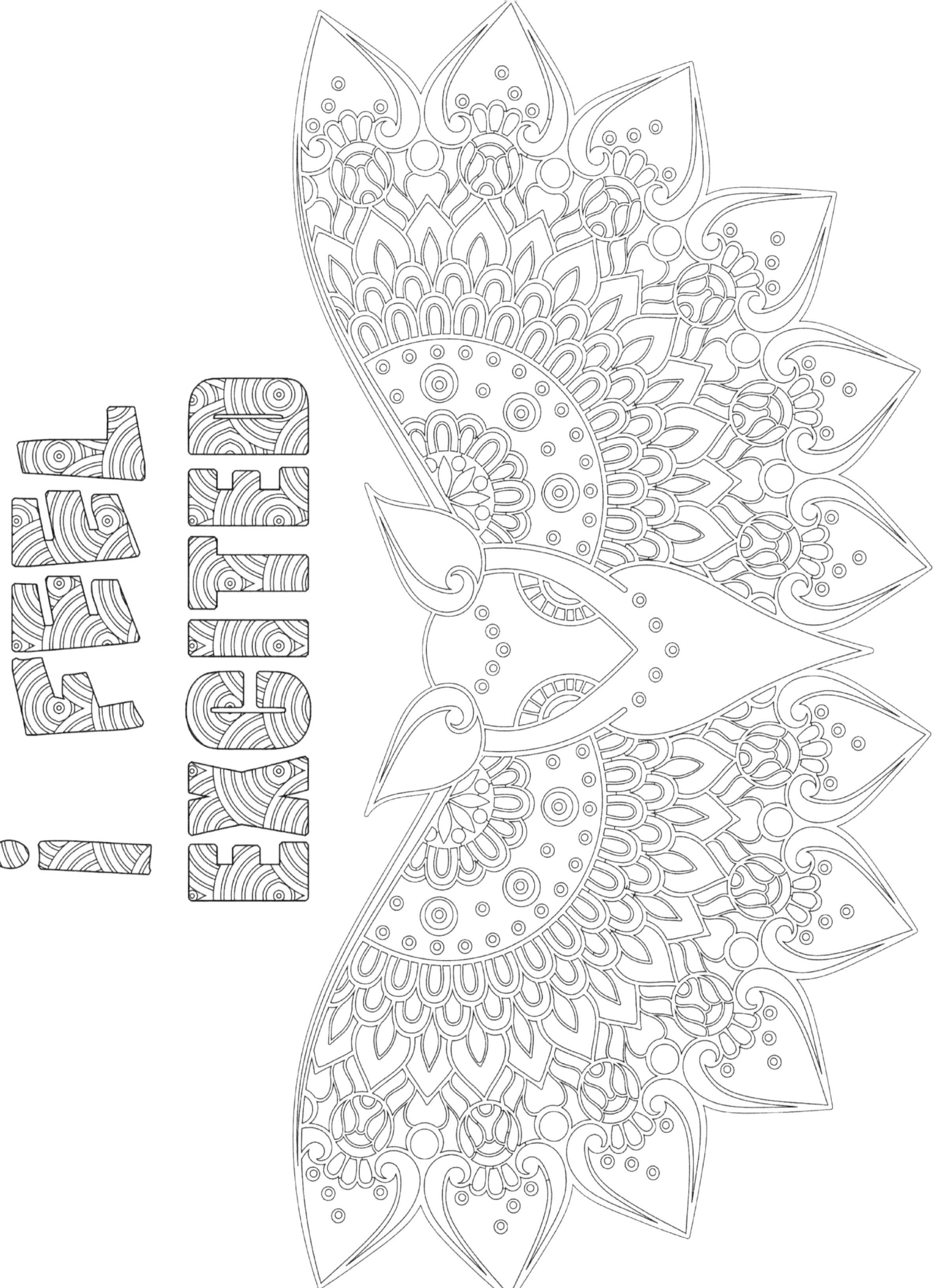

I FEEL EXCITED

i AM A WiNNER

1-

2-

3-

4-

5-

*USE DIFFERENT COLORS

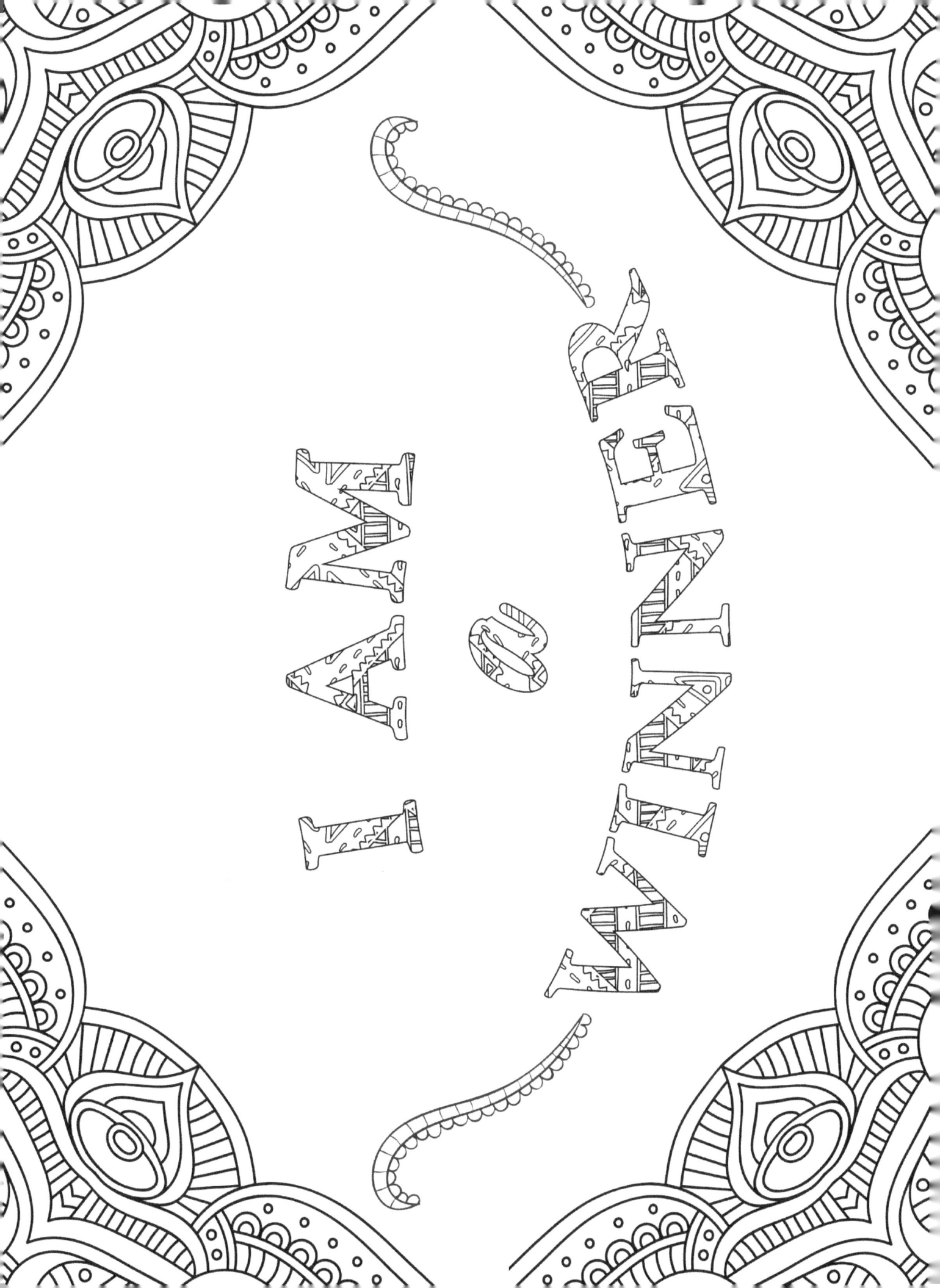

i FEEL GooD NoW

1-

2-

3-

4-

5-

*USE DIFFERENT COLORS

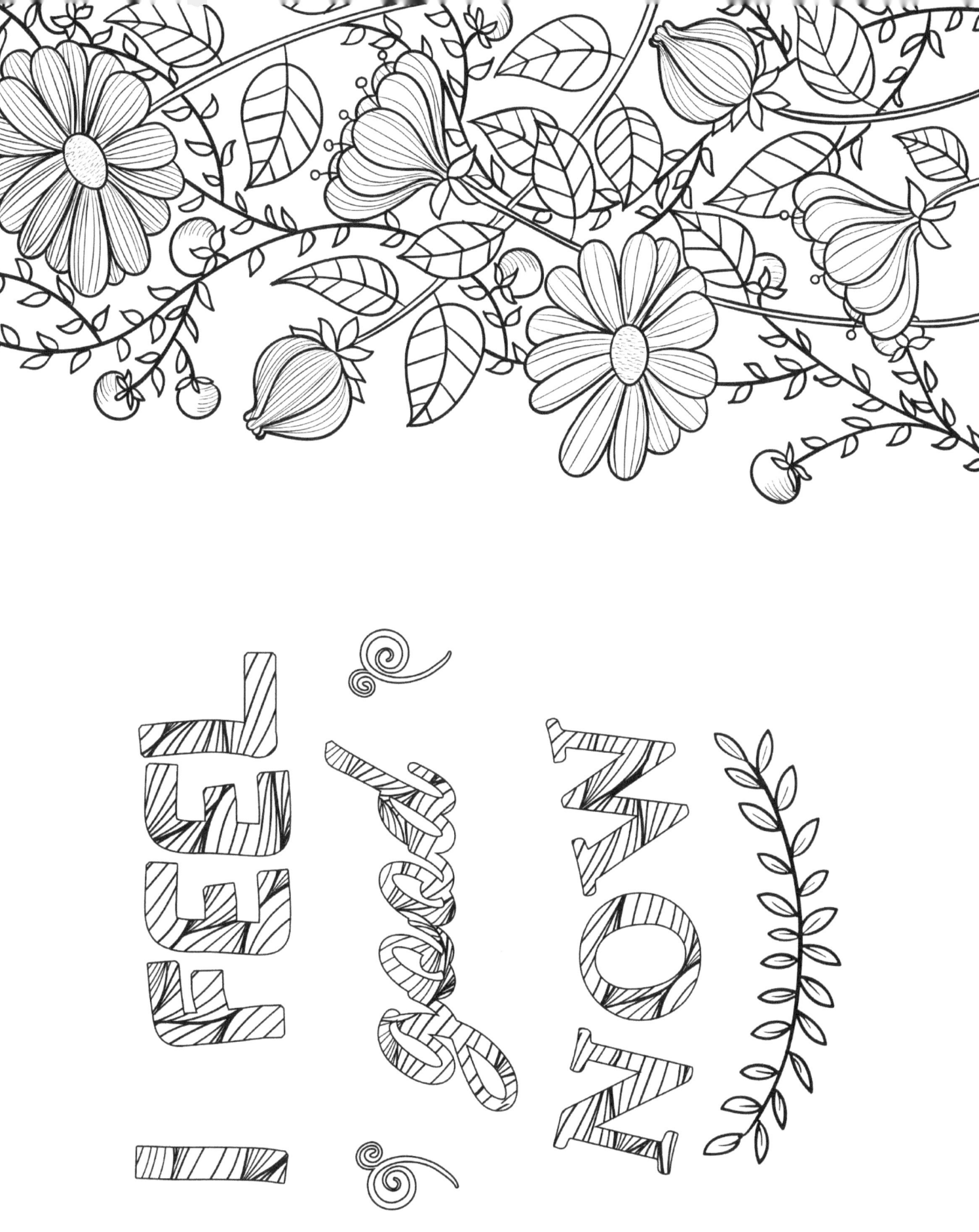

i LoVE LiFE

1-

2-

3-

4-

5-

*USE DIFFERENT COLORS

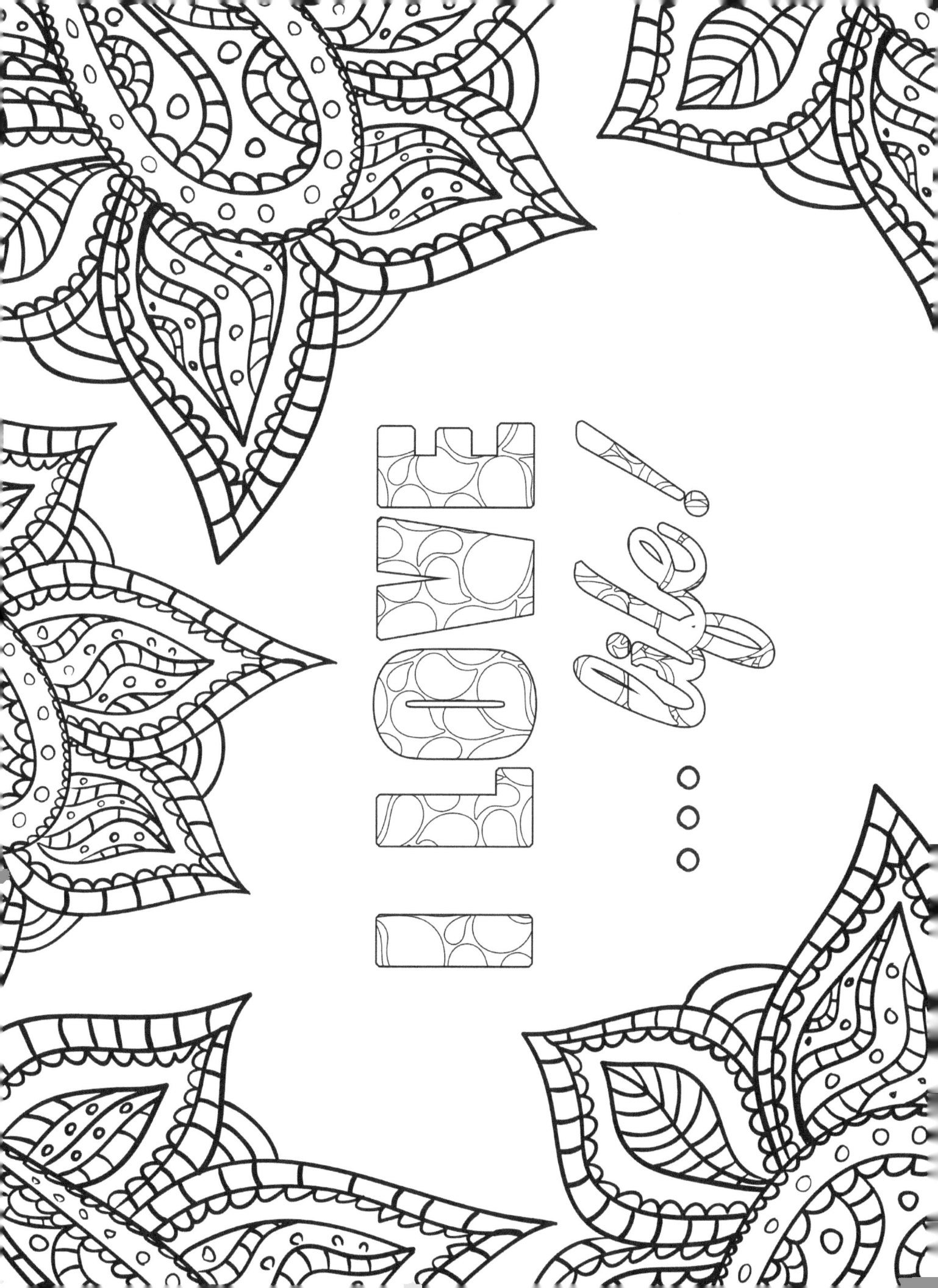

i AM CALM

1-

2-

3-

4-

5-

*USE DIFFERENT COLORS

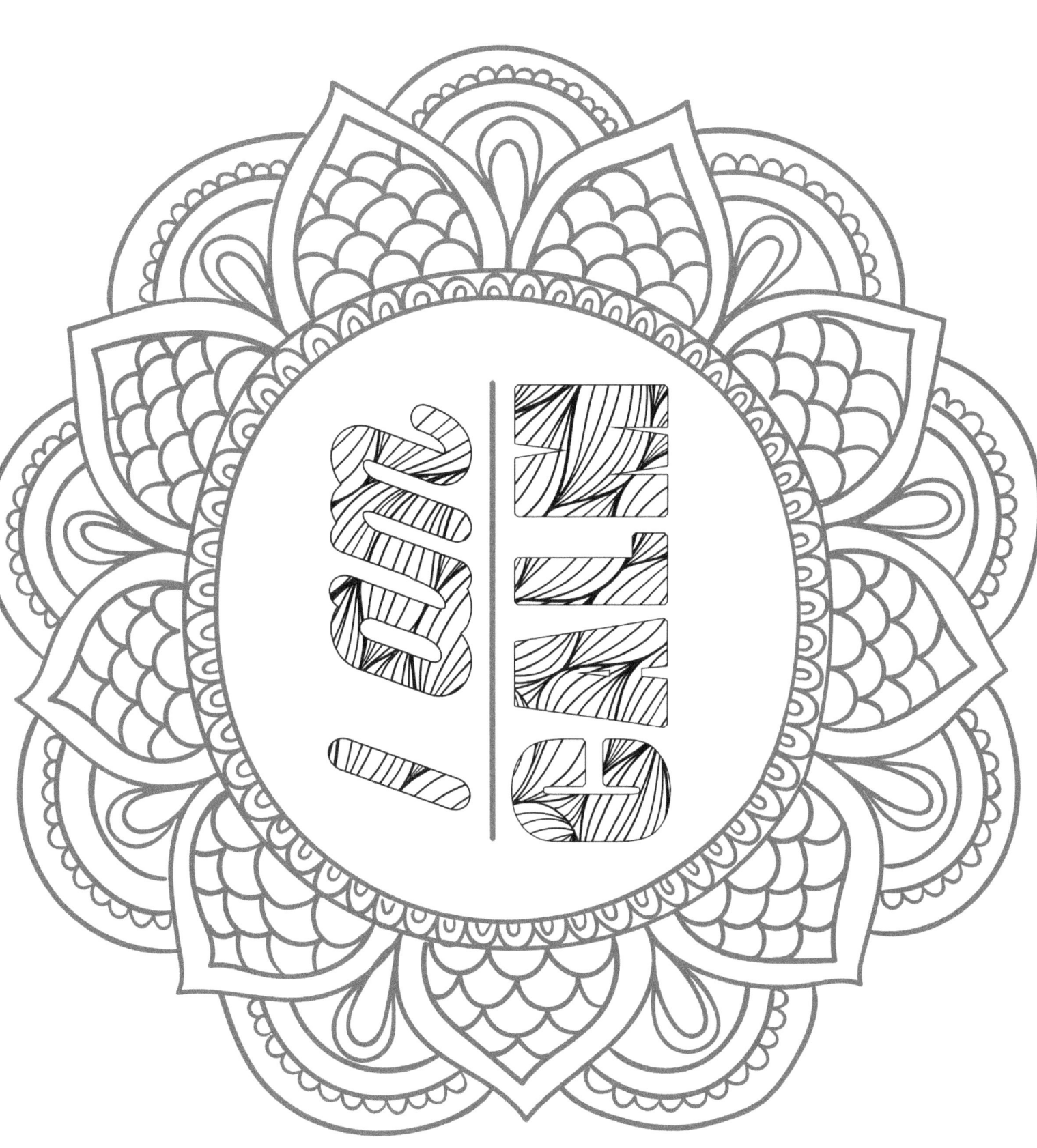

i AM HAPPY

1-

2-

3-

4-

5-

*USE DIFFERENT COLORS

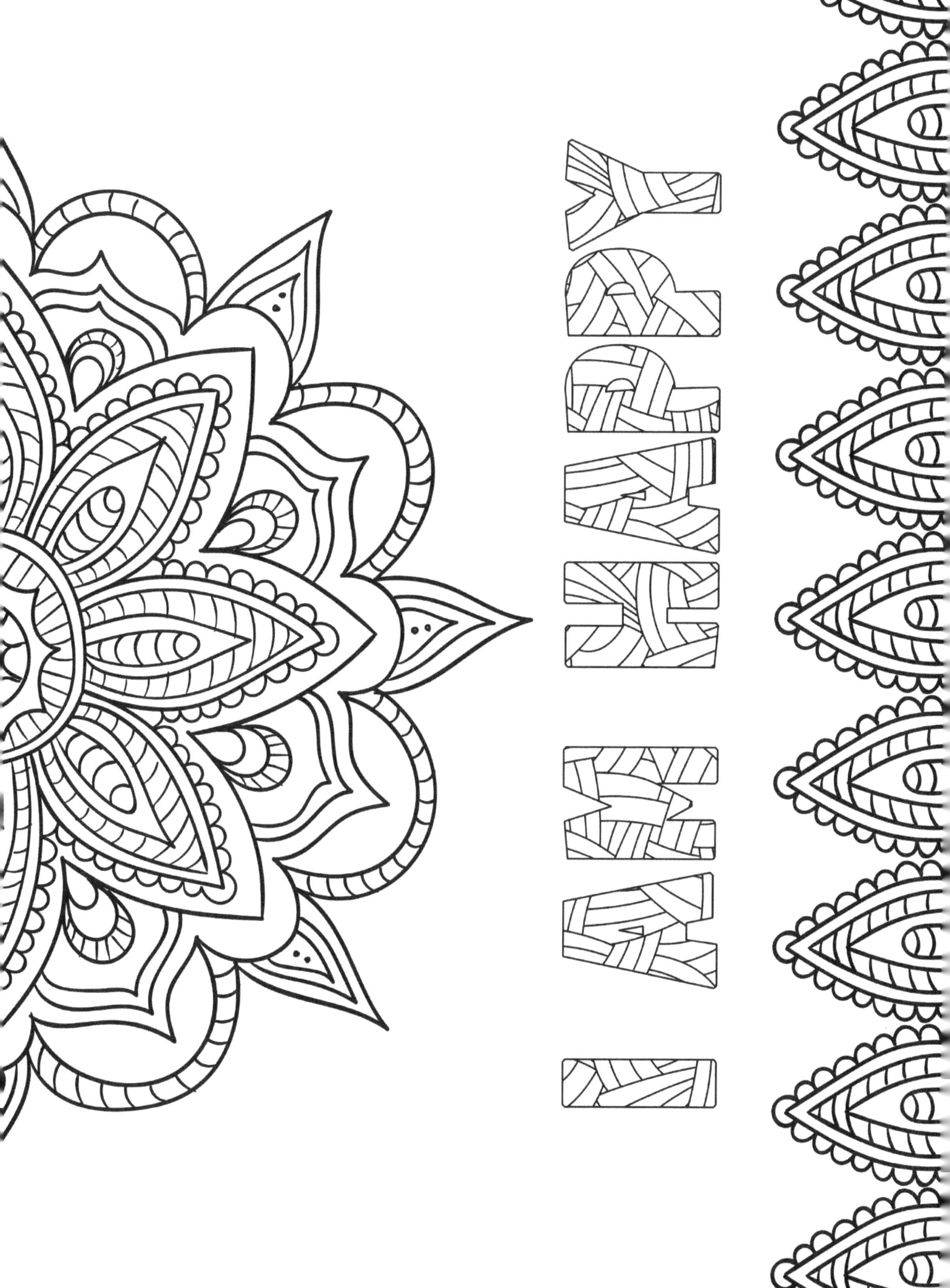

I AM HAPPY

www.ingramcontent.com/pod-product-compliance
Lightning Source LLC
Chambersburg PA
CBHW081134180526
45170CB00008B/3097